향기와 밀어를 나누다

향기와
밀어를 나누다

김혜령 시집

1월의 행운목이 꽃을 피워 거실 가득 고인 향기가
출렁대며 안방으로 들어와 가슴에 스민다
행운목에 돋보기를 대고 지난 세월을 읽는다
행빛과 비바람에 치대며 키우던 치렁한 잎사귀
뿌연 먼지 속 가닥이 틀린 웃음소리 한두 가지 대롱 매달려

대양미디어

마음씨처럼 고운 글

김 종 상

한국문협, 국제PEN, 현대시협 고문

김혜령 시인은 나와는 오랫동안 문학 공부를 함께 해왔다. 그러면서 느낀 것이 마음씨가 참 곱다는 것이다.

"마음이 고우면 말씨도 곱고/ 마음이 고우면 행동도 곱고/ 마음이 고우면 얼굴도 곱다"

이런 시가 있다. 마음씨가 고운 김혜령 시인이 그렇다. 마음씨처럼 음성도 고와서 여러 문학 행사 때면 노래를 불러 인기가 대단하다. 집에서는 앵무새를 기르는데 그것을 갖고 와서 내 책상에 놓았는데 요것이 내 어깨로 올라가 얌전히 앉아 있었다. 그 무렵 내가 남재희 장관 수필집 『내가 뭣을 안다고』의 추천사를 썼는데, 거기에 내 어깨에 앉은 앵무새 사진이 들어가서 유명세를 탔다. 애완동물은 주인을 닮는다는데 그렇게 얌전하고 마음씨 고운 앵무새의 주인이 누구냐는 질문을 받기도 했다. 나는 그때 앵무새가 김혜령 시인을 닮았다고 생각했다. 김혜령 시인은 자그마한 체구에 갸름한 얼굴도 곱고, 기르는 앵무새 행동도 곱듯이 그가 쓰는 글도 말할 나위 없이 곱다.

"(…) 유난히 홍조띤 낙엽 몇 잎을 줍다/ 책갈피 켜켜 껴/ 이름 모를 소녀에게 사연 적어 보낸 날/ 오늘은 열린 창 틈으로/ 가을이 훨훨 날아들어와/ 내 방을 돌아다닌다/ 새벽 서리 날 세우지 않아도/ 은은히 파고드는 가을/ 방문 열쇠 구멍으로/ 달아나지 않을까 몸사렸다."

이 시는 「내 방에 들어온 가을」 후반부다. 곱게 물든 단풍을 책갈피에 끼워서 이름 모를 소녀에게 사연을 적어 보낸 날은 열린 창 틈으로 가을이 날아 들어와 내 방을 돌아다닌다고 했다. 꽃잎이나 단풍잎을 책갈피에 끼워가지고 다닌 시절의 우리 자신을 생각해 보자. 모든 것이 아름답고 감격스럽기만 했던 때이다. 뿐만 아니라 행여 방문 열쇠 구멍으로라도 이 가을이 달아날까 걱정한다는 것이다. 얼마나 곱고 여린 마음인가.

또 엄마가 고호와 모네의 그림을 보고 있는데 아들이 토끼와 호랑이 이야기를 읽어 달라고 했다.

"(…) 아이는 그림책 속에 들어가/ 엄마와 한참 웃고 놀다가/ 그만 잠이 들었다// 엄마는 아까 보다만/ 옛 화가의 정겨운 그림들이/ 비로소 고요한 종소리가 되어/ 가슴 속에 울리는 것을 들었다."

이 시는 「종소리를 들었다」의 후반부다. 전래동화책을 읽어달라고 조르던 아이가 잠들고 나니 엄마는 자기가 좋아해서 보고 있었던 고호의 감자 먹는 사람들과 모네의 꽃과 양산 그림이 비로소 고요한 종소리가 되어 가슴 속에 울리는 것을 들었다는 것이다.

"님의 꽃밭에 심기워 (…)// 아린 가슴 흰꽃으로 피어나고/ 껄죽히 우려 님께 드릴 선혈같은 열매/ 주렁주렁 하늘 높이 달렸다."

이 「오미자」는 첩첩산중에 자라며 새빨간 열매를 주렁주렁 매단 열매를 바라보는 기쁨을 노래했지만 단순히 바라보는 기쁨만이 아니다. 멀리 떨어져 있는 님에게 드릴 것이기에 더욱 소중하고 자랑스러운 것이다.

"무서리 내리는 날 (…)// 차운 눈빛 품고/ 쏨박 쏨박 지나온 길/ 어둑한 정지/ 살강 위 서린/ 한 볼테기 사랑."

이 「씀바귀」는 그 쌉싸래한 맛 때문에 먹는다. 쓴
맛이 오히려 입맛을 당기는데 어릴 때는 그 쓴맛의
진가를 모르다가 나이가 들면 씀바귀의 참맛을 즐기
게 된다. 마치 산전수전을 다 겪어본 후에야 인생이
무엇인지를 알 수 있는 것과 비슷하다는 것으로 비유
하기도 한다. 부엌(정지)에서 씀바귀 나물을 요리하는
즐거움을 말하고 있다.

이러한 마음을 가졌기에 다음 시를 보면 김혜령 시
인의 고운 마음씨는 더 절실해진다.

"출장을 보낸 적도/ 문을 잠근 적도 없는데/ 어이하여
그대는 오지 않나 (…)/ 미소 너는/ 언제든지 문을 벌컥 열
고 오라."

여기에서는 미소를 의인화 하여 「미소여 오라」 하
며 부르고 있다. 항상 얼굴에 미소를 띈 자신을 가다
듬는 것이다.

"해군훈련수료식을 마친/ 흰 제복의 아들과/ 여친을 데
리고 들어간 민박집// 바리바리 싸간 음식/ 걸판지게 먹고
(…)// 처마 밑 둥지엔/ 오글오글 제비 새끼들// 태평양 건넌
날개/ 휘가르며/ 먹이 나르는 어미제비(…)."

이 「동섬 민박집」은 군에 간 아들을 면회 간 엄마

와 먹이를 물고 날아드는 처마 밑 둥지의 제비를 재미있게 대비시키고 있다. 자연을 바라보는 고운 마음씨가 인간의 자식 사랑과 미물의 새끼 사랑을 하나로 본 절창이다.

김혜령 시인은 이것으로는 성이 차지 않아 다음과 같이 죽비를 가하고 있다.

"죽지 않는 시/ 방랑하지 않는 시/ 찬 바람 안은 가을 동산에도/ 나눠 줄 것이 있는/ 그런 시를 쓰고 싶다."

「이런 시를 쓰고 싶다」의 전문이다.

"시인은 번데기로써 비단옷을 만든다"라고 한 'W.스티븐스'의 말을 떠올리게 한다.

이 시집 작품들은 김혜령 시인의 지성을 바탕으로 한 영혼이 담긴 보물창고이다. 시집 출간을 진심으로 축하한다.

시인의 말

언제부터인가 시와 함께 살아왔다
시어와 싸우며 밤을 새우던 날들이 생각난다

시를 쓰는 것이 쉬운 일은 아니지만
그 맛이 마치 잣을 씹는 것과 같이 고소해서
나에게는 포기할 수 없는 일이었다

젊어서부터 쓴 시 중 마음에 드는 작품을 골라
내 분신과도 같은 시집을 내게 되어 뿌듯하다

나의 시는 대부분이 생활시이다
사람을 좋아하고 관계를 중시하는
나의 성격상 그러한 것 같다

근래에는 전통리얼리즘의 시에
상징과 비유의 현대시를 접목하려 나름 노력했다

나의 시는 가독성이 있어 누구나 읽기 쉽다
아무쪼록 나의 시 중 한 작품이라도
그 누구에게 치유와 위안이 되었으면 한다

문학을 지도해 주신 김종상 선생님,
문학의 길을 함께 걸어온 가산문학회
홍재숙 회장님과 회원들,
시의 발전에 도움을 준 서상민 시인님께
진심으로 감사의 말을 전한다

차 례

제2부 **여름**

제3부 **가을**

제4부 겨울

제1부 봄

신발 한 켤레

목련 꽃잎 두 장이
한 켤레 신발처럼
봄 문턱을 나서고 있다
함께 떠나게 되어 기쁘다고
하얀 목소리로 소곤대고 있다

금오도

괴불주머니 살갈퀴 핀
언덕길 따라
설레는 마음으로
오르는 비렁길

우거진 숲 사이로
아직 처녀인 바다
숨 고르고 있다

툭툭 불거지는
동백들의 이야기

파도가 휩쓸며
쏟아내는 전설은
그 어느 여인의
선홍빛 사랑인가

방풍나물밭 사이로
내려오는 길

주황색 지붕
돌담 사이로 비춰오는
아련한 꽃잎들의 미소

2010. 4. 25
– 천안함 침몰 사건

꽃피는 계절
매서운 비바람이 몰아친다
만개한 벚꽃들이 삼삼오오
길가 웅덩이에 뛰어내리고
영문 모른 채 떨어져
눈이 휘둥그레진 아기은행잎들
남동생을 둔 여고생이 헌화하고
백발 성성한 노인들도 조문하러 왔다 한다
혈액투석을 하는 아버지의 효자 아들
이웃에 길을 잘 가르쳐 주던 친절한 청년도
온 데 간 데 없다
창밖엔 폭풍에 흔들리는 흰 목련 가지들
사십육 송이 무사히 붙어 있기는 한데
시신 가둔 채 물속 가라앉은 함수 함미
민족이 목에 걸고 기도해야 할
또 하나의 유업

* 2010년 3월 26일에 천안함 침몰 사건이 발생하여
  4월 25일 천안함 장례식이 이루어졌다.

미소여 오라

출장을 보낸 적도
문을 잠근 적도 없는데
어이하여 그대는 오지 않나
무엇이 못마땅한지
눈꼬리 치켜올린 저 차돌멩이
꽁꽁 싸맨 속내
어린 시절 춥고 외로웠던 시골 동네
바위틈 패랭이꽃 찾던 소녀
어느 날 꽃 브로치 꿈을 꾸고
희망이 생겼을까
미소여
수줍은 칡꽃처럼 살포시 오라
노을빛 그윽한 눈동자로 오라
농익은 둥근 화관같이 오라
오
긴 세월 삭은 낙엽 묵은 찌끼로 막힌
수챗구멍에서도
둥근 해처럼 방긋 솟아올라라
미소 너는
언제든지 문을 벌컥 열고 오라

봄

살랑대는
바람

흰 커튼
밀어 올리는

풀꽃들의
숨소리

눈부시던
민들레와 바이올렛의
이중주

푸릇한 시간
가는 것이 아쉬워

밤새
흐드덕거리는
개울물

산수유 1

꿈과 추억은
잃어버리기 쉬운 것들이지

흔들리는 바람의 발자욱
새들이 깨워주던 노래

노란 기억 속
밑줄 친 것을 끄집어내어
팝콘을 튄다

버스 정거장 앞
지나는 사람들
서둘러 봄을
호주머니에 담는다

산수유 2

비 오는 날
친정 가는 길

보도블록 뒹구는
쪼글쪼글
주름진 얼굴

먼지 날리는
아파트 뜰
숨가삐 오르내리던
엘리베이터

등골 고이는
땀 식히며
꿈처럼 익어가던 세월

홀로 걷는
바람 차운 날

꺼내어 볼
가슴 한 켠
빠알간 보석

오월의 만남

연초록 숲이
터널을 이룬
우장산 산책길을
그녀와 나란히 올랐다

묵은 체증 털어내며
오붓이 나누는 대화에
앞을 다퉈 엿듣는
덩굴장미 쥐똥나무

벤치에 앉았다
온몸 숲이 되어
돌아오는 길

백화점 위층 카페
마주 앉아 시킨
자몽차 한잔

진열된 접시에서
튀쳐나오는 사슴 한 마리

꽃들의 대화

그대를
보면
노래하고 싶어

그 색깔로
다가오면
가슴이 뛰고

세포 속까지
스미는
아찔한 향연

모성 母性

꽃들도 재채기하는 5월에
외모지상주의의 사춘기 아들이
코감기에 걸렸다

학교에 전화하여 병결처리를 부탁하고
마음은 좌불안석
딸기를 믹서에 갈아 마시우고
흰 수건을 뜨거운 물에 적셔
몇 번이나 코에 대준다

그래도 마음이 안 놓여
사과를 깎아 접시에 받쳐 주고
빨간 손수건으로
머리를 질끈 동여매 준다

아플수록 해숙할수록
품어주고 싶은 자식
태고의 신비 하늘의 마음

살구나무꽃에 부침

죽은 가지
뭉툭 꽃눈 틔워
내 가슴에 산 소망 맺혔네

아름드리 가지 숭얼숭얼
삼겹 둘린 꽃망울 터쳐
내 머리 가득 화관 썼네

1초 1초 절망의 순간에
뽀오얗게 다가오는
젖빛 사랑

나는 부활의 산 떡
많이 많이 먹고
다시는 기진하지 말라 하네
다시는 기갈하지 말라 하네

도꼬마리씨

동생과 놀러 간
호숫가 별장

냉이 쑥을 캐고 들어오니
바짓단에 단단히 붙은
도꼬마리씨

가슴까지 물들이는 석양
쳐들어오는 꽃샘바람에
간밤 까아맣게 외로웠을까

억센 가시손 잡고
세월의 덤불 헤치며
아스라이 길정저수지 끼고 돌면
아픈 상흔 하나 있다

낙엽 속
파란 이끼 입고
살아나는 잡목의 소리

일렁이는 물결 위
찐득한 사랑 쏟아부으려
생명의 눈 가득하다

이런 날은

5월 초
바깥 날씨가 나릇나릇
나를 불러 낸다

돼지띠들
정자 안에 앉아
이야기꽃 피운다

어제 나온 뉴스에
더부룩이 길러내는
쑥대 같은 얘기들

일상의 대화 속에
서로를 담쑥이 안아 주는

이런 날은 하얀 저고리에
보라색 치마 입은
라일락 한그루 되어

귀퉁이에 어슷하게
서 있고 싶다

봄 재래시장

햇빛에
재래시장도 화들짝 피어
밀물지는 사람마다 웃음 한가득

유모차를 밀고 온 젊은 새댁들
비닐막 안에서 깊은 잠에 든
아기들의 배꽃 같은 얼굴

꽃가게에 늘어진 빨간 선인장
터질 듯 부푼 가슴에 품은
다섯 쌍둥이

늙으신 부모님 드리려
떡에다 한라봉 딸기 한 팩

나는 밥 비벼 먹으려
달래 한 바구니 미나리를
사 들고 가는데

시장 모퉁이
쑥 팔러 나온 주름진 할머니
아작아작 작은 참외를
꿀맛같이 드시고 계셨다

슈퍼문
– 개기월식 후

창문을 여니
대형 구름 커튼
사이로
촘방촘방
곡예를 한다

물풍선처럼
부풀어
잠겼다 나왔다
대형 우주쇼

첫사랑을
다시 불러 만나고
떠난 친구를
생각하고

사랑하는 사람들과

헤어지는

죽음의 모습을

그려보았다

밥을 지으며

우크라이나 산
수수를 넣고
쌀을 씻는다

비닐 팩에서 쏟은
여문 알을 보며
떠올렸던 그들의
분홍빛 미소

저녁 뉴스에서
걸어 나와

스텐볼 안에서
눈알 핑핑 돌며
뒤채기고 있다

여기저기 포성에
사색이 되어
주저앉으며 집을
뛰쳐나가는 이들

씻은 쌀을
전기밥솥에 앉혔다

취사가 되며
김 가득 뿜어 오를
밥솥 안

나는 만 원짜리 지폐
몇 장을 날리며 황급히
현장을 빠져나왔다

집들이
– 코로나19의 여정에서

잠실 아파트
이십오 평에 이사 온
친목계 왕언니

숟가락 여섯 개
놓인 창가 식탁
능이백숙 파김치 배추된장지짐

안마의자에 몸을 파묻은 Y
소파에 기대 핸드폰을 보는 J

마스크 콧김에
갇혀 지낸 시간들이
주르륵 쏟아지고

잃었던 하늘과 바람이
폭을 맞춘다

일렁이던 물풀들도
가지런히 둘러앉는다

길순이

사람 찾기로 만난
중학교 친구 길순이

하굣길 햇살을 주워 먹은 아이처럼
조시랑 조시랑 말도 잘하고
흰 피부 노란 머리를 가졌었지

내 안이 바깥보다 넓어
내 속으로만 웅크리던 그 시절

사당동 그녀의 집
삐거덕대는 대문으로 들어가
대자로 누웠던 마루가
나에게 편지를 보내온다

다시 만나
내 늦은 결혼식에도 와주었는데

어느 날 책판매원이 되어 찾아와
굵은 거금의 카드
남편이 돌아와 결제가 취소되고
자취 없이 사라지게 된 그녀

공덕동 우리 집 밖에서
집비둘기처럼 구구
나를 불러주던 소리

길순이가 가랑잎이 되어
내 주위를 빙빙 돈다

마리오네뜨의 기도

쿵쿵 울리는
심장을 달아주세요

바람이 느껴지는
살갗을 입혀주세요

웃을 때
붉어지는 뺨과
꽃같이 피어나는
목젖을 만들어주세요

창문을 열고
큰 소리로 당신을 부를
목소리를 주세요

아무도 없을 때도
춤을 출래요

밤이면

당신의 품에 안겨

잠자리에 들고 싶어요

금창초

개화산 기슭
교회당 돌계단에 틈틈이 피어
봄을 알리던 반가운 얼굴

시멘트 갈라진 틈새로
눈을 반짝이며 아장장 피었다

오르내리는 발길
보송한 꽃잎으로 받아내고
한사코 머금는 보랏빛 미소

천둥 번개를 비꼈다
보슬비 오는 날 울적했던
나의 숨결을 품었다

아스라이 겨울 돌아
평생을 필 꽃

멀리 있어도

가까운 임처럼

내 가슴에 뿌리내린 꽃

백방산

내 고향 해남군 현산면
봄이면 산허리
진달래 붉게 물드는 산

그곳에는 전쟁터로
남편을 떠나보내고
기다리는 한 여인이 있었어

승리하면 배에 깃발을 꽂고
돌아올 것이라고 약속했는데

기다림에 지친 여인은
그만 깃발을 보지 못하고
바닷물로 뛰어들고 말았지

차갑게 파고드는 파도 소리
아침마다 떠오르는 태양은
얼마나 눈이 시렸을까

어느 날 정 들인 이와
백방산에 올라
먼바다 바라보며
그날의 슬픔 되새기고 싶어

나의 방

제 방의 창문을
비긋이 열어놓겠습니다
당신은 꽃구름으로 오셔요

제 테이블엔
마알간 접시 위에 사과 한쪽
커피 한잔 놓겠습니다
한 모금의 여유를 축이고 가셔요

제가 나간 뒤에도
잔잔한 음악과
푸근한 숲 공기를
여운으로 남겨놓겠습니다

당신은
나를 교교히 두른 달빛
나의 벽지는 당신을 닮아
고운 색이 묻어납니다

미용실 스케치

코트를 걸며
마주하는 낯익음

의자에 앉으면
거울 밑 선반 위로

부뚜막의
그리움이 피어 오르고

창밖 부산한 거리는
아뜩한 원색의 풍경화

느린 심장박동에
붙박이 시계초침은
가는 숨을 내쉰다

제2부 여름

보금자리

저벅저벅 걸어오는 저 발치에
깔릴까 봐
가슴 졸이던 씀바귀꽃
든든한 가림막 아래
보금자리 틀고 잘도 피어 있다

동태탕 집 앞 백합

장기동 헬스클럽 가는 길목
뾰족한 봉오리 내밀던 백합

시계탑광장
라베니체 금빛수로 돌 때도
혈관 잇대어 기도했던 것 같아

어느 날 큰 입을 벌리고 피어 있더군
담배 연기 밀치며 진동하는 향기
훈훈해지는 골목 가슴이 따뜻해졌지

이곳은 천국의 현관문
꽃 속을 한참 들여다보며
천사를 몇 명 만났나 묻고 싶어졌어

코를 박으면

뱃속까지 뚫고 들어오는 향기

찌든 오물 걸러

맑은 강줄기 흘려보냈으면

황톳길을 거닐며

쑥부쟁이가
하얀 망사 커튼을 친
한강 생태공원

붉게 핀 꽃무릇 사이로
보이는 누런 얼굴의 사람들

저만치 서 있는 규화목硅化木*
깊은 어둠 속 치닫기 전
마지막 기억 더듬는 사이
황톳길에 침묵의 강이 흐른다

간혹 파란 하늘이 내려와
황톳길에 입맞춤하고
멀리 보이는 빌딩은
나른한 배경일 뿐

파편처럼 박혀 있던
해서는 안 되는 말 말 말
부드러운 반죽에 맨발로 부비고
사뿐히 돌아서며

고개 들어 바라본다
바람에 날리는 나뭇잎 같은
내 사랑하는 사람들

* 나무화석

종이컵

녹차라떼
한잔을 마신 후
남는 파란 자욱

그 속에 담아 보는 하루
수평선을 그리면
출렁이며 지나가는 고깃배

누구나
대어의 기억을 떠올리며
푸른 물살을 가른다

만선 하여 노을과 함께
녹아들길 원하지만

파도 소리만을

신고 오는 때가 더 많다

오늘을 잘 비워야

담을 수 있는 내일

자리를 옮기다

누구라도
자신만의 창이 있어
그곳이 머물기 좋은 곳

진열장을
폐기물 수거장에 옮겨 놓았다

찻잔 사이 발레리나의
치맛자락이 펄럭이고
웨딩 인형의 속삭임이
들려왔었지

꽃밭을 한 바퀴 돌고 와
문을 열면 퍼지던 향기
집 앞 산에 올라갔다 와
산그늘을 슬며시 비춰보던 곳

포클레인에 살점이 찍혀
조용히 실려 가겠지

여름날의 무성한 잎은
가을이 되어 붉게 떨어지고
노을은 오늘에서 내일로
자리를 옮기는 걸

개화산

걸음을 내딛으면
나무와 바위가 손을 내밀어
이끌어주는 언덕길

비가 오면 흐르는
시냇물에 마음을 실어
달려 올라갔었어

풍상에 씻긴 비석
묵묵한 장승
옛날을 오르내리며
다잡아지던 마음

산 중턱 내리막길
치맛단 걷어 올려
길을 건너는 물봉선들

숨이 닿게 오르는 신선대
너럭바위 옆 귀퉁이에서
한참을 누워 있다 오기도 했지

추억 한자락 깔고 있으면
나뭇잎 새로 팔 뻗어와
어루만져 주는 바람

개화산 가고 싶다

방울토마토

아파트 난간
화분대에서 바라보는 도시

피어오르는 담배연기
진득한 한숨은
거르고
한잎 한잎 피워내는
청량한 길

퍼붓는 장맛비
보이지 않는 눈앞
바닷속까지 내려가
긴 잠을 잤지

따끈한 햇볕에
눈을 떠 줄기를 곧추세웠어

하나 둘 셋

열리는 꽃잎

하늘까지 닿는 치렁한 꿈

창문이 열릴 때는

늘 설레었지

감자꽃

포근포근

감자 살을 먹다

그 맛에 반해

내 안에 핀 하얀 감자꽃

무엇이 그리운지

긴 목을 빼고

사뭇 남실댑니다

오미자

님의 꽃밭에 심기워

다정한 얼굴 보며 살고 싶은 마음

눌러 삼키고

첩첩산중에 들어가

바다 같은 그리움 휘휘 덩굴로 풀어낼 때

아린 가슴 흰 꽃으로 피어나고

걸쭉히 우려 님께 드릴 선혈 같은 열매

주렁주렁 하늘 높이 달렸다

김란사

정독도서관 옆
서울교육박물관에 전시된
올백 머리의 서양 여성을 닮은 여인

24세의 유부녀로
이화학당에 입학한 후
미국 웨슬리언대학교를 졸업한
조선 최초의 여자 유학생이라지

귀국해서는 이화학당에서
유관순 열사를 가르친
호랑이 기숙사 사감 선생님

2년여간 미국 땅을 순회하며
한인 동포들에게 모금 활동을 펼쳐
설치한 정동제일교회 파이프오르간
소리는 어땠을까

소나기 온 여름 저녁
거실과 안방을 따라다니며

큰 소리로 나를 호령하시는
희대의 여인 민족의 등불을 켠
독립운동가 김란사

운유산 전망대에서

잠시 폭우 그친 날
가현산 바라보이는 데크

앵무새 나뭇가지에 올려놓고
둥근 테이블 아래 앉으니
하늘이 천정인 카페가 된다

시집을 읽다 내려다보는 밭고랑
눈이 퀭한 방울토마토의 시들한 잎

세상이 온통 물에 잠겼다
침수된 지하차도 쓸려나간 세간살이

내 가슴도 장맛비 훑고 지난 듯
떠오르는 상처 하나 아리다

멀리서 초롱불 켜고 있는 호박꽃
잠자리 한 떼 날아오른다

선인장 1

광야로 뚝뚝 걸어나간
내 연인의 어깨 새
마알간 포말 뿜어 내린다

벌컥벌컥 마시는 붉은 해
타들어가는 심장 안고
아득히 뛰어드는 수평선

나긋나긋
고깃배의 꿈 얽혀왔나
오아시스 넘치는 그늘
후르르 새떼 여장 푼다

여름 연못

배롱나무 아래
아기 물분수 뿜어 오르는
카페 창가

사랑해 사랑해
어깨 붙이고 모인
하트모양 수련잎들

노란 꽃 위로
뻗어 오른 부들

휘휘 더위 몰이 사랑에
한 조각 따가운 햇살도
살갑다

수련잎 덮인 궁궐에

꼬리치며 들어가는

작은 물고기

나도 헤엄쳐 들어가야 할

사색의 그늘

폭염

선글라스 낀 태양이
거리에
불을 긋고 다닌다

이리저리
더위의 그물망을
피해 다니는 사람들

보도블록 고인 물 위
포복하는 비둘기 한 마리
꿀꺽꿀꺽 물을 마시다
날아간다

강아지풀 흔들던 바람이
걸어가는 여자의
치마폭을 부풀린다

차가운 흙더미에
머리를 디밀어
몸집을 키우는 알뿌리들

찬 이슬 달고
가슴에
떠오르는 사람

솟구치는 것

금빛 수로 핀 수국
파릇한 별 하나
호주머니에 담는다

출렁이는 물살 새로
튀어나오는 목 긴 분수

꽃들이
나선형으로 빙빙 돌다가
하늘까지 치솟는다
아래로 곤두박질친다
향기가 퍼진다

사는 건 가끔 추락하는 것
어두운 갓길을 빙빙 돌다가
다시 솟구치는 것

하나로마트

별들이 몰려오는
러시아워의 저녁 마트는
인파로 북적댄다

파란 햇살 먹은
농작물들이 반쯤 눈을 감고
회색 아스팔트로 실려 나가면

두 팩 세일 외치던
매장직원의 근육질 가슴은
내일의 태양으로 자맥질하고

수족관 폭포 소리
휩쓸고 돌아간
마트 계산대 N 여사

밤늦게 돌아오는
고등학생 아들 챙길라
참외같이 단단한 속 여민다

물야자

물이 좋아
투본강* 수로에
열매로 뻗어

두둥실
수선스런 바구니배 관광객들
맞이하는 게 일상이다

간혹 바니산과
미케비치 긴 해변이
생각나지 않는 것은
아니지만

일불 팁에
얼굴 밝아지는 뱃사공과
비 오는 날이면

처마 밑 서성대는

가게 아가씨를 잊지 못해

늘 그 자리에 영혼을 건다

* 베트남의 강

감정중 아이들아
– 신설중학교에 근무하며

어둑해질 쯤
운동장
아이들이 놀다 간 자리에
장릉산 잔별들이 구을고

깊은 밤엔
수정 덩이 큰 별
들앉았다 갔으리

한 처마 밑
우리가 보낸 시간들
공단 옆 풀씨
키를 재고 있었네

생각해 보면
이곳은 인심 넉넉한
감정동坎井洞 우물가

함께 있음에 감사해
너희가 우리의 열매이듯
우리 또한 너희로
푸르르고파

종이 의자

나는 저 종이 의자를 읽는다
월급을 안 받고
직급도 올라가지 않는 곳

앉을수록
푹신한 것을 찾으며
목소리를 높이지 않아도 되는 곳

전철역 근처 좌판을 벌이고
채소를 파는 할머니
다리를 오므렸다 폈다
땅바닥과 밀착되어 자유자재다

바구니에
파란 천 원짜리가 쌓여 있다
실파 한 단을 산다

할머니가
넌줄넌줄 등을 펴며
박꽃같이 웃으신다

할머니 뒤편 하늘이 밝다

존재

하나밖에 없는 몸뚱이
왜 이리 무거울까
머리와 가슴이 맞지 않아
해골처럼 삐걱거린다
어제의 애욕 하얀 이슬로
사위어 있다
지난날 추억의 불은
회색빛 재로 깔려있다
사념의 깃털 하나 공중에 둥둥
떠올라 휘적인다
무거운 추 달아매어
땅으로 내려 앉힌다
머리통 세우고
포말지어 암초에 부딪힌다
찬란히 부서져
무無로 돌아가기 위해

화장대 위 올려진

화장대 위
올려진 돌 하나

눈 코 입 그리고
밤낮으로 품어주어도
앵토라져 돌아서는 얄미움

꿈속 나라
보슬비 오는 어둑한 뜰

손 마주 잡고
불꽃 퉁기는 밀어
나누고 싶다

헤아릴 수 없는
저 깊은 어두움

동섬 민박집

해군훈련수료식을 마친
흰 제복의 아들과
여친을 데리고 들어간 민박집

바리바리 싸간 음식
한상에 둘러앉아
걸판지게 먹고

바닥에 누워
여친을 바라보는 아들의
머루알 같은 눈빛

처마 밑 둥지엔
오글오글 제비 새끼들

태평양 건넌 날개
휘가르며
먹이 나르는 어미 제비

떠올리면
가슴이 더워지는

진해 동섬은
뜨거운 인연이 포말처럼
밀려드는 곳

몬세라트 수도원

산악열차 타고
도착한 몬세라트 수도원
문득 눈에 걸어오는 외계의 모습

수도원 둘러싼 우불탕구불탕
오묘한 형상의 바위
해독 안 되는 문장이 자유롭다

지금은 이곳이
세계 유명관광지이지만
그 옛날엔 신부들이
깎아지른 듯한 벼랑길을 오르내리며
영성의 삶을 산 곳이라지

목동 아이들이
빛이 내려오는 것을 보고
산속 동굴에서 발견하게 되었다는
검은 성모 마리아상 옆에서
기도하고 기념촬영도 하였네

흐르는 구름마저 신비로운 곳
시간이 멈춘
몬세라트 수도원

웃음

군대 휴가 나온 아들의 방을
문득 연 순간
느닷없이 나타나는 아들의 친구

간밤 늦게 들어와
거실 소파에 뒹구는 아들
엄마는 뒷전인 듯 쓸쓸했는데

낯익은 아들 친구 녀석
정겹기만 해
뱃속에서 터져 나오는
칡꽃 향기 같은 웃음

멀리서 밀려오는 그대여
우리는 서로의 웃음이고 싶다
나는 그대의 그대는 나의
웃음이고 싶다

능소화

뽑아
올린

휘
　영

　줄
　기

늙은 나무에
시집와

무성한 잎사귀
실한 살림 차리고

내가 인도된 곳은
주홍빛 방

수박을 먹으며

모공 속 땀 비질비질
더위가 매운 고추처럼
확확 불을 긋고 다니는 날

냉장고에서 꺼낸
큰 수박 네 조각 내니
먹음직한 유선형

가로 세로 칼질에
빨간 깍두기 실은
배 한 척

어서 더위를 사냥하고 싶어
먹자 소리치며 포크 들고
나서는 나

그러나 선장의 말을
듣지 않는 남편과 아들
적당히 먹고 뒷자리에
물러앉는다

나 혼자 다 파먹고
물안개 낀 코를 박는
넓다랗게 벌려진
유선형 수박껍질

제3부 가을

논두렁 우물가

시골의 논두렁 우물가
이곳에 얽힌 이야기와
숨겨진 사랑 이야기를 듣고 싶다
우물 속 깊은 물만이 비밀을 간직한 채
찰랑이고 있다

축제의 날

느닷없이 온 전화 한 통에
그녀와 지하철 플랫폼에서 만나
앞서거니 뒤서거니 떠나는 축제
가을바람 탄 잠자리 한 쌍이 된다

유자차 한 모금 적시고
나란히 앉아 보는 무대 끝까지
양탄자가 펼쳐지니 흥에 겨워
닥종이 인형처럼 달려오는 아이들

갈비뼈 죄었다 폈다 아코디언 따라
삶의 묵은 찌끼 흘러나가고
사물놀이 청실홍실 따라 미움도
사랑의 고리로 매듭지어진다

옆에 앉은 친구여
안경 밑으로 눈물을 닦고 있구나
나도 꽹과리 소리에 펑 뚫린 가슴
모든 게 새록새록 하다

가을밤

깊은 밤
귀뚜라미 소리

무슨 사연이 있어
밤새 우는가

너도 나처럼
마음껏
사랑하지 못했나 봐

청사초롱 가져다가
너는 신랑 나는 신부
혼례라도 올려볼까

까만 눈
창백한 뺨
수줍은 너의 얼굴
그려본다

가을 카페에서

테라스 의자 위
홀로 앉아 있는 낙엽
가끔 지나가는 비행기

산 위에 걸터앉아
어서 올라타라고
손짓하는 구름 마차

지난날의 추억
노랗고
빨갛게 물들이는
창밖 단풍나무

찬 서리 스미는 가슴
부둥켜안고
오래도록 눈물 흘렸지

산산히 흩어지는 구름 자욱
갈대들 머리 숙이는
바람의 유유행보

고운 상흔 소복이 감싸
가슴 따뜻해지는
세월의 한 길목

목동연가

자전거 지나는
안양천 제방길

마지막 가을 햇살에
보랏빛 클로버 노란 소국
도란도란 불길 튕길 때

훠어이 훠어이 물결치는
억새 바람 따라
구부러진 낙엽 하나
이대목동병원 향한다

좁다란 2층 복도
두경부외과 지나

체온 덥혀 놓은 그 자리
심호흡 한번 고향인 듯
대자로 누웠다가

어두워진 저녁
연기처럼 스르르 빠져나온다

병원 문을 나가시는
아롱지는 어머니

병산서원을 그리며

귀뚜라미 소리 들리는
가을 저녁
떠오르는 병산서원

입교당 마루에서
글을 읊던
동재 서재 선비들

배롱나무에
사랑 불태우며
과거급제 꿈꾸던
글방도련님

만루대
바람결로 지나고

묵은 세월

되새길 게 뭐냐

하회탈 입을 비죽이는데

모로 벤 베갯머리로

달려오는

부용대 강물 소리

방화동

꼬리를 잇는 버스
종점에 도착하면
파르르 떠는 나뭇잎
방싯거리는 빨간 우체통

방화역 엘리베이터 안
묻어있는 내 아버지의 숨결
내가 오는지 내려다 보시던
아파트 베란다의 어머니

거리마다
나의 발자욱 길가
눈 맞추지 않은 꽃 없었네

그대와 함께
방화동 카페에서 만나고 싶다

낙엽더미 켜켜이

나의 웃음과 눈물이 녹아 있는

내 사랑 방화동

까마중 1

까무룩 잊혀진 날도
사랑이었음을

새들 날개 부딪는
하늘 따뜻한 날

그대 오시는
문전에서 반기는 기쁨

햇빛과 비바람에
쓰여진 연서

잇속 질펀히 번질
달콤한 밀어
가슴이 두근거립니다

까마중 2

일곱 살 적
고요한 개울가 마을

대나무숲 걸어 나와
이웃집 칙간 옆에서 보았었지

까만 열매 앞에
한참을 서 있었던 것 같아
달콤한 맛도 그때 보았을까

도심 각박한 세월의 마디마디
골목 귀퉁이에서
언뜻 반겨주던 너

오늘은
천년의 하얀 종소리 이어오는
너를 마중 나갈까 봐

지금도 나는

어릴 적 바람은
언덕배기 밟고 매섭게도 불어와
마당엔 감나무 잎이 가득 날리고

나는 툇마루 달린 안방에서
숨을 죽이고 있었지

6·25 때 할아버지 잃으신 할머니
걸어 다니는 것도 아깝다며
고이도 키우시던 큰아들

서울 올라와 4형제 먹여 살리려
허드렛일에 손끝이 시린 엄마
해 저물녘 돌아올 때마다
눈꼬리 올리며 시어머니 행세하시더군

나의 사춘기는 어떻게 지나갔을까
지독한 공허함 속에
뿌연 안개 서린 창밖으로 뻗어보던 팔

지금도 나는
그날의 바람을 잠재우고 있다

상록수

푸성한
낙엽 지는 벌판 지나
그믐달 비추는 언덕배기 위
깊은 강물 하나 심었다
두런두런 세상의 두레박
자주 밑 보이며 나뒹굴어 있더라
그 누가 파릇한 별을 키워
영원한 꿈을 지킬 것인가
쏼쏼쏼
푸름은 푸름을 깨우고
맥박마다 뛰는 피는
밤새 여울 물살로
굽이 돌아
은하수를 향해
고이 봉오리 접힌다
고지를 오르는
한 마리 목마른 양
심장 그득히
목젖 적신다

초가을 단상

저물어 가는 하루

베란다 창문에 기댄 나무

동전 닢 같은 열매 가득 매달고 있다

폭우에 녹아내리고 햇볕에 핏발섰던

저 여름의 지평

아직 두근거리는 가슴 안고

머리 푼 시내로 누워있다

뜨거운 심장으로 외쳐 부르던 이여

잎새 속 서늘히 달려 있으니

무더위 끝물도 무상無常은 아니로구나

밤이면 희끗희끗 구름 사이로

영롱한 얼굴 내보일 그대

선인장 2

늦가을 저녁
뺨을 적시는 비

긴 목
뒤채기다
달콤한 낙엽 냄새에

가만가만 밤하늘
떠다니며
즐기는 유랑

산들산들 별 사이
노 저어
은하수에 발 담그고

동트는 아침

눈부신 햇빛 아래

뻗은 촉수

이파리 단단히 세워

피어나는 순간

씀바귀

무서리 내리는 날
장독대 곁
서성이며
헤아리던 메시지

실버들 연정은
아니었으리
차운 눈빛
애써 품고
씀박 씀박 지나온 길

어둑한 정지
살강 위 서린
한 볼테기 사랑

단풍 연가

푸른 잎이
꽃이 될 줄은 몰랐습니다

햇살 따순 봄날
뺨에 닿은 촉촉한 입김
당신의 사랑이었나요

바람에 휘청거리던 몸
단단히 붙잡아 주심도
당신의 두 손이었나요

오늘은 파란 하늘에 누워
붉어지는 얼굴로 고백합니다
사랑한다고

내 방에 들어온 가을

입추立秋 후
차가운 아침비로
등허리 따가운 햇볕으로
가을은 질주하는 차창 새로
내보이는 눈요기였다
늦은 가을 말벌처럼
아름 송이 국화마다 코 박고
어떤 날은 근린공원 속
짓무덩한 낙엽 위를 팡팡히 달렸다
그때마다 가을은 자욱한 소음으로
혹은 눈부신 다이아몬드로 사라졌다
조급한 마음으로 전철역 길
유난히 홍조 띤 낙엽 몇 잎을 줍다
책갈피 켜켜 껴
이름 모를 소녀에게 사연 적어 보낸 날
오늘은 열린 창 틈으로
가을이 훨훨 날아 들어와

내 방을 돌아다닌디
새벽 서리 날 세우지 않아도
은은히 파고드는 가을
방문 열쇠 구멍으로
달아나지 않을까 몸 사렸다

석류

버석한 뿌리
새 한 마리 없는
이 얼마나 외로운
정적인가요

나긋이 그대 입술
벌리어 입 맞춥니다
하얀 잇 속
질펀히 퍼지는 밀어

우리 사랑 우리 갈 길
아직 멀다는
끝없이 보석인
당신에 잇대어

심장의 펌프질 따라
먼 하늘
돛단배 열어 갑니다

이런 시를 쓰고 싶다

죽지 않는 시

방랑하지 않는 시

찬 바람 안은 가을 동산에도

나눠 줄 것이 있는

그런 시를 쓰고 싶다

어느 가을 음악회

애조 띤 무곡舞曲 두 개가
노란 단풍잎처럼 춤을 추고
빨간 드레스의 울혈 같은 뮤지컬이
장내를 사로잡더니

하얀 눈 위를 밟는 것 같은
이십여 여인들이 어깨에 빨간 장미
하나씩 두르고 무대에 섰다

여자 교도소 수용자 합창단의 노래가
활활 나비의 등을 탔는가 싶더니
흥겨움의 정점에 가서는 그만
맥빠진 두 팔을 좌우로 흔드는데

다당 다당 넘치는 박수의 물결
어제는 서릿발처럼 시리던 죄도
반가이 맞는 기쁜 빗소리

삶은 정말 아름다웠다고

아들의 실내화는 두 켤레
일주일이 머지않아 더러워져
목욕탕에 던져져 빨아야 한다
TV를 보고 쉬기도 하다
날렵하게 소매를 걷어부치고
아들의 땀이 묻은 실내화를
비누 묻힌 솔로 박박 닦아
물기를 빼 앞 베란다에 세워두었는데
해가 넘어간 뒤 창가로 비치는 실내화
말리기 전 때 자욱 많이 사라졌다
어릴 적 파릇하게 튀던 햇빛
나 세상 떠나기 전에 말하리라
삶은 정말 아름다웠다고

봉제산 아랫마을

떡 한 봉지 사 들고

자박자박

열린 미용실 지나

감나무 밑 지나가자면

다세대주택 창가 굵은 전깃줄 위

비둘기 한 쌍 통방울 목젖 울리는 소리

가랑비 쉬어 간 촉촉한 거리

인정人情의 꽃 물안개 타고

푸담히 피워도 좋으련

동행

늦가을 밤
가로수에 기대인
낙엽자루

뜨거운 체온에
닿아
나무가 아찔한다

몸을 섞어
함께 가는 길은
얼마나
아름다운가

춥지 않을 겨울
새봄의 기약

안현석봉鞍峴夕烽

인왕산 옆 안산의
봉홧불이 타오른다
외적의 침략이 없는 평화로운 저녁

돛단배는 유유히
물살을 헤쳐가는데
백성들과 함께 누리는 태평성대에
절로 배가 부르고 흥이 난다

지금의 소악루에서 바라보면
씽씽 달리는
올림픽대로를 끼고
시원스레 펼쳐진 한강

숨이 턱에 닿게 올라와
발견한 조망권 1위
비경 중의 비경이었다네

겸재 정선이 그린 안산의 봉홧불
민족과 국가를 지키기 위한
숭엄한 횃불로 내 가슴에 타네

꽃피우시다

요양원에 계신 엄마
옷 챙기러 가는 친정

엄마가 가꾸던
아파트 옆 꽃밭 앞에 서니
피어 있는 국화
파고드는 엄마 향기

9층 문고리를 열 때
낯익은 얼굴들의
지문이 묻어 나온다

고물을 나르시던 아버지
불면과 이명으로 고생하시던 엄마
엎치락 뒤치락 타들어 가던 속

장롱 안 엄마의 사계절을
켜켜이 쟁여 넣고
서둘러 우체국을 다녀오는 길

칼바람에 꽂히는 낙엽
덜커덩거리는 캐리어
부모님 내 가슴에 꽃피우시다

구두수선소

김포 장기동 좁은 찻길을 지나면 구두수선소가 나온
다 등을 구부려 쪽문을 열고 들어가면 투박한 표정으
로 맞이하는 중년의 남자 맞은 편에서 신축공사가 한
창일 때 없어질까 걱정했던 구두수선소 팔목 인대가
늘어난 만큼 근육을 키운 은행나무가 지붕 위로 가지
를 뻗어 이중천장이 되었다 언젠가 은행잎과 붉은 낙
엽이 구두수선소에 붙은 목재함 위에서 불꽃 튕기며
춤추고 있는 걸 보았지 하늘 한 폭이 쪼그려 앉아 있
는 동안 바늘을 들고 야무진 입술로 도시의 소음을
한 땀 한 땀 기우고 있는 그 나는 단단한 목질의 나무
가 되어 나를 지그시 바라본다.

시장풍경

시장 어귀
켜켜이 쌓인 마늘 단
코끝에 스미는 냄새

마늘 단
쌓아놓은 방에서
한 밤을 자고 싶다

구슬땀 흘리며 키운
농부의 맵싸한 향기
한껏 들이키고 싶다

바람 부는 날에

바람이 분다
사나운 포유동물처럼
미친 듯 날뛰는 품
어디든 물어뜯고 할퀴어
깊은 생채기 낼 것 같다
털 숭숭 무자비한 발
어릴 적 고향 언덕 무시로
흔들고 지나가던 녀석 아닌가
히스클리프의 언덕
그리움에 잠 못 들어
휘휘 보내오는 한숨
뜨겁다 이날
바람에 쫓겨올 한 마리 새
가슴에 품을 수 있음은

제4부 겨울

동경

빌딩 숲 넘어
날아가고 싶은
저 미지의 세상
방충망 꽉 잡고
놓칠 수 없는 나의 꿈

향기와 밀어를 나누다

1월의 행운목이 꽃을 피워
거실 가득 고인 향기가
출렁대며 안방으로 들어와
가슴에 스민다

행운목에 돋보기를 대고
지난 세월을 읽는다

햇빛과 비바람에 치대며
키우던 치렁한 잎사귀
뿌연 먼지 속
간간이 들리는 웃음소리
한숨까지 새겨 넣었지

어둠이 내리면
째깍이는 붙박이시계 따라
새털 같은 머리 맞대며
둥근 잠 속에 빠져들던 식구들

벌 나비 없는 회색 콘크리트 안은
어쩐지 사막 같아
낙타 눈 번득이며 밤을 잇던 기도

줄기마다 오아시스 돌리고
진액 뿜어 올려 뻗은 꽃가지

향기와 밀어를 나누다

겨울일기 1

낙엽처럼 웅크려 지내다
눈 큰 친구가 보내온
쿠폰 들고 찾아간 스타벅스 카페

초콜릿 케익과 자몽티를
앞에 놓고 앉아 있는 고객들
틈으로 창밖을 바라본다

합창단을 함께 다녔던
라베니체 근처의 친구에게
전하는 성탄 축하 메시지

언니
화요일 칼국수집에서
감자옹심이 먹어요

벙그는 장미처럼
찰랑이는 전화기의 목소리

돌아오는 길
시계탑광장의 원형 의자
뜨거운 그리움 삼키고 있었다

겨울일기 2

잔뜩 흐린 하늘
우장산 자락 합창연습실

하모니의 포성
간직한 채 떠나는 자리

짝꿍 언니가
우산을 받쳐주며 들려주는 얘기

코로나 3년 동안
집안식구를 많이 잃었노라고

떠나는 올케와는
한 병동에 입원해 있으면서도
만나지도 못했다고

헤어져 나 혼자
전철을 타고 도착한
아파트 현관

따뜻한 가랑비 맞은
남색 운동화

눈 오는 날

문학 수업 후
펑펑 쏟아지는 눈

복집 식당 유리창으로
내다보는 정경

횡단보도 건너
골목길 지나
카페 가는 길

두근거리는 가슴
탐스러운 목화송이
누가 빚는 걸까

하얗게
변한 세상

카페에 앉은 문우들
눈빛에 씻겨 바알갛게
상기되어 있다

오늘은
하얀 눈길을 걷다
길을 잃어도 좋은 날

시래기

겨우내
시래기 한 다발
멸치에 된장 풀어
푹 우리는 국물맛

아침마다 갈한
육신의 산 소망이다

물엿 얼큰 넣어
갈색 연근 조리시는
가스레인지 곁
가물가물 어머니

검어진 핏줄
졸아든 얼굴에
호롱한 웃음만

가슴 한켠

소롯이 놓인

꽃 한 다발

진눈깨비

굽은 우산살을 펴
받치고 나간다

자전거를 타는
늙은 남자가 부인에게
우산이 없다며 투덜댄다

카페에 들어가
유리창 밖으로
내다보는 보도블록

동그란 아픔이
물 위에 퍼진다

사는 건
굽은 우산살을 펴며
걸어가는 것

출근길 당신의 굽은 등

내 명치에 얹혀

펴지지 않는다

나도 자리에 앉는다

점심시간
마주 앉은 구순 부모님

전자레인지에 돌아가는
꽃게 된장찌개를 잊은 채
식사를 하신다

잘게 썬
신 배추김치
듬성듬성
놓인 콩자반

퍽퍽한 노년의 밥을
퍼 올리시는
어머니의 숟가락

망망대해를
노 저어 가시는
아버지의 젓가락

나도 의자를 당기어
자리에 앉는다

겨울 나들이

붐비는
네모공화국 급행열차에서 내려
숨가삐 달려온 여의도샛강생태공원

물풍선처럼 부푼 하늘
보슬비 아래 비옷 입고 가는 사람들
큰 배수관 위로 솟구치며
1월의 초목을 감싸 안고 흐르는 물줄기

앙상한 버드나무 밑
수북이 깔린 낙엽을 밟는다

찔레나무 열매 지나
시린 물에 발 담긴 쓰러진 잡목
멀리 혹은 가까이 파도치는 물결

촉촉한 흙에 빠져드는 발목

새끼 품은 수달처럼

코를 벌름거리지만

아무도 봄의 암호를 해독하려 하지 않는다

윤중로

벚꽃나무 행렬

봄을 부르는 함성이 우렁차다

청국장을 끓이며

냉장고 안 봄동을 꺼내어
묵은 김치 송송 썰어 넣고
맛있게 끓기를 기대한다

청국장 덩이를 뜯어내어
물에 살살 개며 마음도
느슨하게 풀어 내린다

손가락 섬섬이 뜨는 별
안방에 들어가
잃어버렸던
장갑과 모자를 만진 후

주방 선반 위 물병자리로 뜨다

저 별

저 별에 가고 싶다

네가 머물자 할 때
막아서는 것이 없는

네가 가지 말라 할 때
옷소매 붙잡고
되돌아올 수 있는

밤새 얘기꽃 피우다
이슬처럼 잠이 들면

싸리꽃 우리 둘레
아슴다슴 피어 있는

헐떡이고 있다

유효기간이 지난
단풍이
나뭇가지에 붙어 있다

가지가 나뭇잎을
붙잡고 있는 건지
나뭇잎이 떠나지 않는 건지
알 수 없다

푸르게 일렁이던 시절 지나
언제부터인가
타는 노을 바라보며

나비처럼 사뿐
날아오르고 싶었을 텐데

버스를 타고 가며

아직도 내다보이는

푸석한 그들

내 가슴에서 헐떡이고 있다

1월

직박구리
허공을 찔러대는 소리

돌아앉은 시내
오고 가는 사람들
말이 없다

답답함에
오일장 다녀오는 길

의류매장 쇼윈도우
층층이 늘어선 선인장
의연함을 뽐낸다

창틈으로 비수같이
꽂히는 바람

봄고개 언덕은

오르기 버거워도

겨울은 동치미처럼

익어가고 있다

퍼즐이 맞춰져 있었다

풍무역 2번 출구
쏟아지는 눈 사이로
어지러이 날리는 기억의 파편

호주머니에는 빨간 머리 앤
김 여사의 서점이 들었다

골목길 돌아가면
넓은 마당 옆에 서점을
꾸며놓고 살고 있는 그녀

음악이 스며 있는 LP판
레이스 의자 사이 진열된 책 속에
자기 별을 지키고 있는 어린 왕자

태엽 오르골을 틀자
봇물 터지는 이야기

버스를 타고 와
장기동 아파트에서 내려다보는
눈 덮인 분수대 광장 사거리는
퍼즐이 잘 맞춰져 있었다

겨울꽃

거실에 스며들어
밝게 타오르는 햇살
온몸 적신다

어린 시절
토담 벽에 기대었을 때
따스한 손으로
어루만져 주었었지

내 젊은 날
비바람에 젖은 세월
태양은 어디께나
비켜 있었을까

산과 들의
겨우살이 꽃들
얼어붙은 뿌리 안고
전쟁을 치른다

겨울은
창가에 꽃피는
가슴 더워지는 계절

종소리를 들었다

엄마는
늦은 저녁
고흐의 감자 먹는 사람들과
모네의 꽃과 양산의 그림을 보고

과일이 놓인
흰 테이블의 정물화처럼
얼근히 취해 있는데

어린 아들이 다가와
토끼와 호랑이 이야기를
읽어 달라 했다

아이는 그림책 속에 들어가
엄마와 한참 웃고 놀다가
그만 잠이 들었다

엄마는 아까 보다만
옛 화가의 정겨운 그림들이
비로소 고요한 종소리가 되어
가슴 속에 울리는 것을 들었다

어느 풍경

묵직한 아들을
전동휠체어에 태우고
보행로를
달리는 할머니

고층아파트
휘돌아 보며
세상을 품은 듯
활짝 웃는 아들

가쁜 숨 내쉬는
덩굴풀 지나
멀어져 가는
리본 단 밀짚모자

오늘이
받는
오늘의 영광

강감찬 장군을 그리며

낙성대역 내려
아담한 역사 나와
출구 오르면 덥석 손을
잡아주는 이가 있다

별이 떨어진 곳에
태어난 사나이
천년이 지나도록
훈훈한 자취로 남다

소가죽 꿰어 물을 막아
적을 섬멸시키니
민족의 심장을 구한
은인이로다

생가터 향나무 보며
향기 깊숙이 들이키다
낙성대 카페에
오래도록 머물다

기린교

경복궁역 내려
인왕산 마주 보며 올라가면
두 암벽이 가슴에 품은
긴 다리가 있어 설레인다

물소리 좋은 이곳 수성동계곡
친구 문인들과 가야금을 타며 시를 읊던
세종대왕 셋째아들 안평대군의 집터라지

36세에 강화도로 끌려가
형에게 죽임을 당한 후
오백 년 동안 자리를 지키고 있었는데

개발의 미명하에 아파트를 짓는 바람에
시멘트를 꽁꽁 덮어쓰고
철제난간이 박혀
숨을 못 쉬게 되었어

다행히 40년이 지나
국가에서 아파트를 철거하고
본얼굴을 찾을 수 있게 되었지

잃었던 꿈들이 다시 살아오는
수성동계곡 기린교

광장시장

무얼 드릴까요
어두워진 저녁 오른쪽 눈에
투명안대를 하고 우리 쪽으로
몸을 기울이는 할머니

오징어순대 주세요
오징어 더미와 꽃잎 모양 문어가
안대창으로 그녀를 들여다본다

프라이팬에 식용유를 부어
오징어에 입히는 계란옷

백내장 수술했어요
썰은 오징어순대를 내놓을 때
지그시 조여주는 양쪽 안대 끈

부드러운 눈으로
그녀의 가판대를 내려다보고 있는
포목점 간판

바글바글 부유음이 사그라지고
하나둘 불이 꺼지면
접시에 올려져 집으로 갈 그녀

외로울 때는

외로울 때는
나무
하나 심어보자

가슴을 쥐흔드는 수심과
소금기 눈물로 꼭꼭 채워

나무
한 그루 심고

해와 달
무심한 새도
지나가게 하자

홀연 단단한
열매 비치는 날

슬픔도

사랑이었다고

파랗게 외치리라

영화를 보았다

복부 통증으로 응급실에 갔다 맞은 편에 내가 다니던 산책로 계단이 보였다 지독한 통증으로 마치 지하에서 지상을 보는 듯했다 응급실에 들어가 구석 침대에 누웠는데 간호사가 수액을 놓으며 혈액채취를 했다 팔목을 찌르는 따가운 바늘 나는 시험대에 섰다 아구 같이 달려들며 심장을 요동치게 했던 그 날 그 번뇌들이 얼마나 잘 여과되어 붉게 흘렀는지 기다려 보아야 한다 심전도 모니터가 달린 침대 사이를 주황과 파랑의 조끼들이 분주하게 돌아다닌다 머리에 붕대를 감은 중년의 남자가 피가 묻어 있는 시트 위에 누워 가쁜 숨을 쉬고 있다 *큰 병원을 알아볼게요 저희 병원은 안되겠습니다* 전화를 받고 달려온 아들이 누워 있는 아버지를 바라보고 있다 가방을 멘 채 뒤돌아서 있는 며느리 링거 줄을 타고 올라간 시선 첨탑이 아득하다 다음 스크린은 가운을 입고 수국꽃 찾아든 나비 사이로 잔잔히 흐르는 통화음이었으면 좋겠다.

2월 개화산

개화산 둘레길
깎아지른 신선바위 지나
엄동설한 넘긴 노송군락

김포공항 활주로 향해
쭉쭉 뻗은 가지들
파란 하늘 위 울울청청하다

미타사 호국영령의
치솟는 기개인가

휘감는 칼바람에
끊어질 듯한 허리 동여매고
살갗 에이는 추위 막느라
온몸은 서릿발

바위 위 널브러진
낙엽 숙연하다

꽃등불 밝히리

이사 간 아파트
바라보이는
중동 버스 정거장

어스름 저녁
키 큰 나무들
푸른 머리채 잇대어
깊은 호흡으로
밀려올 때면

되만 한 방에서 울려 퍼지던
코넷 소리 애끓는 멜로디로
저 먼 자유의 골짜기
넘나오자 유혹하고
봄이면 가슴 터져라
꽃피우던 명자 울타리

12월 하늘에

꽃눈 쏟아지면

마음은 새벽 열차 타고

추억의 전선

꽃등불 환히 밝히리

김혜령 시집

향기와 밀어를 나누다

초판인쇄 · 2024년 9월 3일
초판발행 · 2024년 9월 10일

지은이 | 김혜령
펴낸이 | 서영애
펴낸곳 | 대양미디어

04559 서울시 중구 퇴계로45길 22-6(일호빌딩) 602호
전화 | (02)2276-0078
팩스 | (02)2267-7888

ISBN 979-11-6072-134-8 03810
값 13,000원